essentials

Essentials liefern aktuelles Wissen in konzentrierter Form. Die Essenz dessen, worauf es als „State-of-the-Art" in der gegenwärtigen Fachdiskussion oder in der Praxis ankommt. Essentials informieren schnell, unkompliziert und verständlich.

- als Einführung in ein aktuelles Thema aus Ihrem Fachgebiet
- als Einstieg in ein für Sie noch unbekanntes Themenfeld
- als Einblick, um zum Thema mitreden zu können.

Die Bücher in elektronischer und gedruckter Form bringen das Expertenwissen von Springer-Fachautoren kompakt zur Darstellung. Sie sind besonders für die Nutzung als eBook auf Tablet-PCs, eBook-Readern und Smartphones geeignet.

Essentials: Wissensbausteine aus Wirtschaft und Gesellschaft, Medizin, Psychologie und Gesundheitsberufen, Technik und Naturwissenschaften. Von renommierten Autoren der Verlagsmarken Springer Gabler, Springer VS, Springer Medizin, Springer Spektrum, Springer Vieweg und Springer Psychologie.

Martina Stangel-Meseke • Pia Hahn
Linda Steuer

Diversity Management und Individualisierung

Maßnahmen und Handlungsempfehlungen für den Unternehmenserfolg

Prof. Dr. phil. habil.
Martina Stangel-Meseke
Iserlohn, Deutschland

Pia Hahn
Iserlohn, Deutschland

Linda Steuer
Aachen, Deutschland

ISSN 2197-6708
ISBN 978-3-658-07484-5
DOI 10.1007/978-3-658-07485-2

ISSN 2197-6716 (electronic)
ISBN 978-3-658-07485-2 (eBook)

Die Deutsche Nationalbibliothek verzeichnet diese Publikation in der Deutschen Nationalbibliografie; detaillierte bibliografische Daten sind im Internet über http://dnb.d-nb.de abrufbar.

Springer Gabler ist eine Marke von Springer DE. Springer DE ist Teil der Fachverlagsgruppe Springer Science+Business Media
www.springer-gabler.de

Was Sie in diesem Essential finden können

- Darstellung des Megatrends Individualisierung und dessen Auswirkungen auf Unternehmen
- Bedeutung und Beitrag des Diversity Managements als Unternehmensstrategie im Kontext der Individualisierung
- Veränderungen in der Arbeitnehmerschaft und Arbeitswelt hinsichtlich der Diversity-Dimensionen Kultur, Geschlecht und Alter
- Anwendungsorientierte Empfehlungen zur Umsetzung von Diversity Management für die Aspekte Kultur, Geschlecht und Alter

Vorwort

Im Ursprungswerk dieses Artikels (Stangel-Meseke et al. 2014) legten die Autorinnen den Schwerpunkt auf die Darstellung verschiedener Megatrends sowie deren Auswirkung auf die Mitarbeitenden und auf die zu erwartenden Marktveränderungen. Es wurde aufgezeigt, welche Ebenen der Diversity-Gedanke tangiert und welche Maßnahmen zur Förderung der Diversity eingesetzt werden können, um letztlich balancierte Lösungen zwischen unternehmerischen Interessen und gesellschaftlichen Entwicklungen zu schaffen[1].

In diesem Beitrag liegt der Fokus explizit auf dem Megatrend Individualisierung. Individualisierung bedeutet für Unternehmen, dass für die Mitarbeitenden Selbstverwirklichung und Repräsentanz der eigenen Werte in ihrer Arbeit hohe Bedeutung erlangen und ebenso dass dieser Trend bei den Kunden berücksichtigt werden muss. Insofern stellt dieser Megatrend eine besondere unternehmensrelevante Herausforderung dar: So werden Kunden und Mitarbeitende zukünftig vermehrt von Organisationen fordern, dass ihre Unterschiedlichkeit akzeptiert, geschätzt und berücksichtigt wird. D. h., dass Unternehmen zukünftig adäquate Strategien und systematische Ansätze entwickeln und umsetzen müssen, um immer komplexer werdenden Unternehmensumwelten bei gleichzeitiger Veränderung gesellschaftlicher Wertvorstellungen gerecht zu werden. Die Wertschätzung von Unterschiedlichkeit ist ein genuiner Gedanke des Diversity Management. Daher wird dieser Ansatz von den Autorinnen aufgegriffen, um zu zeigen, dass er im Rahmen der Individualisierung gleichermaßen geeignet ist, den Bedürfnissen der Mitarbeitenden hinsichtlich ihrem Individualisierungsstreben Raum zu geben und

---

[1] Aus Gründen der besseren Lesbarkeit wird auf die gleichzeitige Verwendung männlicher und weiblicher Sprachformen verzichtet. Die weibliche Form ist selbstverständlich immer mit eingeschlossen.

die Unterschiedlichkeit der Mitarbeitenden auf strategischer und operativer Ebene
für die Realisierung der Unternehmensziele nutzbar zu machen. Wie die Individualisierung mit dem Diversity-Ansatz aufgegriffen werden kann, wird anhand der
Diversity-Dimensionen Kultur, Geschlecht und Alter in diesem Beitrag erörtert.

Inhaltsverzeichnis

Autorinnen

Prof. Dr. phil. habil. Martina Stangel-Meseke Studium der Psychologie an der Ruhr-Universität Bochum mit Schwerpunkt Arbeits- und Organisationspsychologie und Arbeitsrecht. Wissenschaftliche Tätigkeiten an den Universitäten Bochum, Wuppertal und Konstanz. Habilitation zum Thema Lernpotenzial-AC an der Universität Konstanz. Dekanin für den Fachbereich Wirtschaftspsychologie an der Business and Information Technology School GmbH in Iserlohn.

Pia HahnM.A. Pia Hahn hat nach dem Bachelor of Science in Business Psychology den Masterabschluss in Corporate Management mit den Schwerpunkten Personal und BWL abgelegt. Heute ist Pia Hahn im Bereich Human Resources tätig und wirkt als Trainerin und Dozentin in Wissenschaft und Wirtschaft.

Linda SteuerM.Sc. Linda Steuer absolvierte den Bachelor in Betriebswirtschaftslehre in Aachen mit den Schwerpunkten Personalmanagement, Organisationsmanagement sowie Volkswirtschaftslehre und erwarb zusätzliche Qualifikationen in Lean Management und Logistic Consulting. Im Anschluss studierte sie Business Psychology an der Business und Information Technology School in Iserlohn. Derzeit ist Linda Steuer als wissenschaftliche Mitarbeiterin an der RWTH Aachen im Lehr- und Forschungsgebiet „Gender und Diversity in den Ingenieurwissenschaften" tätig.

Der Individualisierungs-Trend prägt die Unternehmenszukunft 1

Laut Zukunftsinstitut (2010) stellt die Individualisierung eine langfristige und nachhaltige Veränderung dar, die die gesamte Gesellschaft (den einzelnen Menschen, Unternehmen, den Staat) betrifft und Auswirkungen auf nahezu alle Lebensbereiche (z. B. Arbeit, Wohnen, Partnerschaft) hat. Die Individualisierung beschreibt dabei die Entwicklung hin zur Fokussierung persönlicher Interessen und Lebensentscheidungen der einzelnen Person (Kunze 2011). Der Grund für diese Entwicklung sind laut Kunze (2011) Treiber wie steigendes Vermögen, Bildung und Mobilität, was die einzelne Person unabhängiger von größeren Gemeinschaften macht und mehr Freiheit zur Selbstverwirklichung bietet. Als eine Konsequenz daraus werden Wertevorstellungen nicht mehr einfach hingenommen, sondern für die eigene Person überprüft und individualisiert (Kunze 2011). So wies Beck bereits 1996 darauf hin, dass Individualisierung meint „erstens die Auflösung und zweitens die Ablösung industriegesellschaftlicher Lebensformen durch andere, in denen die Einzelnen ihre Biographie selbst herstellen, inszenieren, zusammenflickschustern müssen" (Beck 1996, S. 150).

Die Individualisierung wird besonders durch die zunehmende Globalisierung vorangetrieben (Horx 2012). Mitarbeiter und Kunden sind durch die Zunahme digitaler Techniken mobiler und suchen global nach Unternehmensangeboten, die ihren Interessen entsprechen. Als Reaktion auf diese Möglichkeiten entstehen auf den Absatzmärkten neue Anforderungen an Produkte und Dienstleistungen der Unternehmen. Gerade diese Entwicklung müssen die Unternehmen bei ihren Planungen und Angeboten berücksichtigen, um den zunehmend vielfältigeren Bedürfnissen der Kunden gerecht zu werden.

© Springer Fachmedien Wiesbaden 2015

M. Stangel-Meseke et al., *Diversity Management und Individualisierung,* essentials,

DOI 10.1007/978-3-658-07485-2_1

Horx (2012) nennt diese Entwicklung den „Aufstieg des Ichs" und betrachtet diesen Aufstieg als Kernelement der Individualisierung. Damit ist für Horx (2012) die Selbstverantwortung des Individuums verbunden, sich aktiv für den eigenen Lebensstil und -verlauf zu entscheiden. Tradierte Muster werden vermehrt hinterfragt und es stehen dem Einzelnen mehr Wahlmöglichkeiten zur Verfügung, was die eigenen Interessen in den Fokus rückt. Der daraus resultierende Entscheidungsdruck, dem sich die Individuen stellen müssen, führt zu einer Veränderung der Werte und somit auch zu einer Veränderung der Wirtschaft (Horx 2012). Für die Unternehmen bedeutet dies, dass einerseits die Kunden, aber auch die Mitarbeiterschaft von heterogeneren Wünschen geprägt ist und Unternehmen ihre Angebote nur noch begrenzt an homogenen Gruppen orientieren können.

Dieses zeigt sich z. B. in der Generationenentwicklung. Seit 2000 tritt die neue Arbeitnehmergeneration der Millennials in den Arbeitsmarkt ein, die neue Ansprüche an die Arbeitgeber stellt (PWC 2011). Diese Generation, auch Generation Y oder „digital natives" genannt, priorisiert ihre Kriterien bei der Arbeitgeberwahl differenzierbar von vorherigen Generationen: Für die Generation Y ist es wichtig, dass ihre Arbeit sinnvoll wie herausfordernd ist, sie sich bei der Arbeit weiterentwickeln kann und über ein gutes Gehalt ein gehobener Lebensstandard realisiert werden kann. Die vorherige Generation – die Generation X – zeichnet sich durch Werte wie Loyalität gegenüber dem Unternehmen und den Kollegen aus (Kienbaum 2010). Die Generation Y priorisiert hingegen die subjektive Selbstverwirklichung, was zu einem geringeren Verbundenheitsgefühl gegenüber dem Arbeitgeber und einer hohen Selbstaufmerksamkeit führt. Die Mitarbeiter dieser Generation fordern die Möglichkeit ein, eine gute Work-Life-Balance zu haben, ihre Interessen von Familie und Beruf vereinbaren zu können und regelmäßig Rückmeldung zu ihrer Arbeit zu erhalten (Kienbaum 2010). Für Unternehmen stellt sich aufgrund dieser Situation die Herausforderung, dass sie gleichermaßen für die Mitglieder der aktuellen und zukünftigen Generationen ein attraktiver Arbeitgeber sein müssen, der auf deren Bedürfnislage eingeht und deren Wertvorstellungen berücksichtigt. Zukünftig kommt hinzu, dass, aufgrund der Arbeitsmarktsituationen für Hochschulabsolventen im Ausland, vermehrt internationale Bewerbungen auf dem Arbeitsmarkt erfolgen werden, womit sich das hier thematisierte Generationsthema noch differenzierter darstellen wird. Selbst zwischen Generationen gleicher Alterskohorten werden interkulturelle Wertunterschiede bezüglich Arbeits- und Leistungsnormen bestehen, die es zu berücksichtigen gilt. In der Konsequenz heißt dies für Unternehmen, dass sie ihr Recruiting, ihre Personalentwicklung und ihre Arbeitsplatzgestaltung auf diese Bedürfnisse (national und auch international) ausrichten müssen.

Somit benötigen Unternehmen Strategien und Ansätze, die der Individualität auf Kunden- wie auf Mitarbeiterseite Rechnung tragen und gleichzeitig die Verwirklichung der unternehmerischen Ziele in einer globalen Umwelt fördern. Ein Konzept zur Förderung der Individualität in einer Kultur der Vielfalt stellt das Diversity Management (im Folgenden: DiM) dar. Die Grundidee des DiM sowie dessen Wirkungsebenen und Einsatzmöglichkeiten werden nachfolgend vorgestellt.

Diversity Management als unternehmerische Antwort

DiM stammt aus Amerika und verbreitet sich seit den 1990er Jahren auch in Europa. Es ist ein neuer Managementansatz, der einen systematischen Umgang mit personeller Vielfalt bietet (Vedder 2011). Der Fokus liegt dabei auf den Unterschiedlichkeiten der Mitarbeiter, welche meist an den folgenden Hauptdimensionen festgemacht werden: Geschlecht, Alter, kultureller Hintergrund, Behinderung, Religion und sexuelle Orientierung (Göbel 2011). Durch den demographischen Wandel und die Globalisierung treten inner- und außerhalb des Unternehmens immer mehr unterschiedliche Menschen mit heterogenen Bedürfnissen in Interaktion. Dies macht es für Unternehmen erforderlich, die Vielfalt zu managen und idealer Weise systematisch zu nutzen. Ein Benchmark unter den DAX-30-Unternehmen zeigt, dass sich die Institutionalisierung von DiM bereits in deutschen Großunternehmen verfestigt hat (Köppel 2012). Im Jahr 2012 hatten 25 Unternehmen aus diesem Kreis eine zentrale Ansprechperson für Diversity-Fragen (2010 waren es 16 Unternehmen). 25 der DAX-Unternehmen sind in 2013 Unterzeichner der Charta der Vielfalt (Köppel 2013), 2010 waren es dagegen 19 Unternehmen.

Im DiM gilt die Grundannahme, „[...]dass alle Beschäftigten ungleich sind und daher auch ein Anrecht auf Ungleichbehandlung haben. Dieses Recht gilt allerdings für alle Belegschaftsmitglieder gleichermaßen." (Vedder 2011, S. 9). Dieses Verständnis ist laut Vedder (2011) konträr zu den Unternehmen, die kein DiM betreiben, wo gleiche Behandlung für alle Personen ungeachtet der individuellen Besonderheiten gilt. Im Sinne des DiM soll eine Kultur der Diversität (Vielfalt) geschaffen werden, die Unterschiedlichkeit von Mitarbeitern im Unternehmen so fördert, dass diese ihre Fähigkeiten nach den Erfordernissen im Unternehmen frei von Stereotypen, Normvorstellungen, etc. einsetzen können. Grundvoraussetzung

© Springer Fachmedien Wiesbaden 2015

M. Stangel-Meseke et al., *Diversity Management und Individualisierung,* essentials,
DOI 10.1007/978-3-658-07485-2_2

dafür ist die Wertschätzung der Mitarbeitenden und ihrer individuellen Unterschiede. Diese Wertschätzung muss sich ebenso in der Unternehmenskultur, den Arbeitsprozessen und den Arbeitsbedingungen widerspiegeln.

Dabei können Diversity-Bestrebungen auf Ebene der Gesellschaft, Organisation und Mitarbeiter angestoßen werden (Ivanova und Hauke 2006; Müller und Sander 2011). Auf der gesellschaftlichen Ebene kann durch Vorgaben der Politik oder der Organisationen z. B. dem Diversity-Kriterium „Geschlecht" Rechnung getragen werden, indem Zielvorgaben für Frauen bei Stellenbesetzungen und in Managementpositionen gesetzt werden. Beim Fokus auf „Interkulturalität" kann DiM auf Organisationsebene für Unternehmen sinnvoll sein, indem die Mitarbeiter nach ihrem spezifischen, kulturellen Hintergrund so eingesetzt werden, dass sie die Märkte betreuen, in denen sie die kulturspezifischen Charakteristika und Verhaltensweisen kennen, verstehen und so Kundenbedürfnissen besser gerecht werden können. Auf Mitarbeiterebene kann mit DiM den einzelnen Personen die Perspektive eröffnet werden, außerhalb der Stereotypen zu denken und so unkonventionelle wie neue Wege für sich zu begehen. So kann z. B. bei der Einführung neuer Technik gezielt das Erfahrungswissen älterer Mitarbeiter mit dem aktuellen Technik-Wissen jüngerer Kollegen zusammengebracht werden. In solchen Partnerschaften können ältere wie jüngere Mitarbeiter ihre Fähigkeiten einbringen, vom anderen lernen und ihre Kompetenzen erweitern. Dies trägt einerseits zu guten Aufgabenergebnissen der Mitarbeiter (Kompetenzen werden zur gemeinsamen Aufgabenerledigung genutzt) und andererseits zum Abbau von Altersstereotypen bei (Wertschätzung der Fähigkeiten einer anderen Generation).

Nach Müller und Sander (2011) betreiben Unternehmen DiM aus ethisch-moralischen und gesetzlich-normativen Gründen. Unabhängig von der Sichtweise zeigen die beiden Autorinnen auf, dass stets auch ökonomische Vorteile mit einem erfolgreichen Diversity Management generiert werden können. Durch die Förderung von Unterschiedlichkeit steigt die Arbeitgeberattraktivität, weil Arbeitnehmer weniger Benachteiligung und Einschränkungen in ihrer Individualität fürchten. Diese Sensibilität für die Unterschiedlichkeiten hilft Unternehmen, mit den Ansprüchen und Besonderheiten der verschiedenen Interessengruppen bewusst und respektvoll umzugehen. Durch die Repräsentanz von Vielfalt in der Mitarbeiterschaft werden die Unterschiedlichkeiten auf Kundenseite nicht nur gespiegelt, sondern auch berücksichtigt. Zudem werden durch das Zusammentreffen der unterschiedlichen Sichtweisen und Erfahrungen neue Innovationen möglich und im Zuge dessen die Produktivität gesteigert. Letztlich schafft eine Kultur der Akzeptanz und Wertschätzung von Vielfalt den Raum, dass Mitarbeiter ihre Potenziale vollständig in das Unternehmen einbringen können (Vogt und Stangel-Meseke, i. Dr.).

Die wirtschaftlichen Erfolge von DiM wurden in verschiedenen Studien untersucht. Hierbei bestand die Schwierigkeit, dass der Nutzen von DiM nicht mittels einfacher Ursache-Wirkungsbeziehungen zu quantifizieren ist. Dennoch konnte in einer Studie der Europäischen Kommission (2003) mit 200 Unternehmen nachgewiesen werden, dass mit DiM langfristige Wertschöpfungsfaktoren (materielle und immaterielle Vermögenswerte) gestärkt und kurz- wie mittelfristig der Cashflow verbessert werden konnte. Eine Metastudie zu 135 empirischen Diversity-Studien zeigte die positiven Effekte auf die wirtschaftliche Leistung eines Unternehmens durch gesteigerte Produktivität als auch verbesserte Marktabdeckung und Außenwirkung auf (Ungleich Besser Diversity Consulting 2012).

In einer anderen Studie von 2008 bis 2010 wurden Unternehmen mit hoher und geringer Topmanagement-Diversität vergleichend untersucht (McKinsey & Company Inc., 2011). 180 Großunternehmen aus Deutschland, Frankreich, Großbritannien und USA wurden hier hinsichtlich der variablen Zusammensetzung der Vorstände, des Return on Equity (ROE) und der EBIT-Marge und in Bezug auf die Diversity-Dimensionen „Geschlecht" und „Nationalität" betrachtet. Es konnte gezeigt werden, dass sehr signifikante Korrelationen zwischen der Diversität des Unternehmens und dem ROE, unabhängig von Standort und Branche, bestehen. Die Unternehmen mit der höchsten Vorstands-Diversität (Topquartil) erzielten unabhängig vom Stammland einen um 53 % höheren ROE und eine um 14 % höhere EBIT-Marge.

Bei höheren Frauenanteilen sowie größere, kultureller Vielfalt in deutschen Unternehmen konnten ebenfalls Korrelationen von Diversität und wirtschaftlichem Erfolg nachgewiesen werden. Nach der Roland Berger-Studie (2012) in deutschen Großkonzernen mit internationaler Ausrichtung zu Vielfalts- und Einbeziehungsmanagement (Diversity & Inclusion) waren gezielte Diversity & Inclusion-Maßnahmen betriebswirtschaftlich lohnenswert. Zudem verringern Maßnahmen zur Mitarbeitervielfalt die Fluktuationsrate und somit auch die verbundenen Kosten. Hier liegt das jährliche Einsparpotenzial für die deutsche Wirtschaft bei ca. 21 Mrd. € pro Jahr (Roland Berger Strategy Consultants 2012). Allerdings wurde in der Studie kritisch herausgestellt, dass 80 % der Befragten bei Diversity-Maßnahmen ausschließlich auf die Förderung von Frauen setzten. Somit werden andere Diversity-Gruppen vernachlässigt und das volle Potenzial von DiM nicht genutzt. Im Benchmark der DAX-30-Unternehmen aus 2013 zeigte sich aber, dass die Diversity-Themen Alter und Kultur eine nahezu gleiche Priorität wie die Dimension Geschlecht haben (Köppel 2013).

Den Megatrend Individualisierung betreffend verweist die Untersuchung von McKinsey & Company Inc. (2011) darauf dass die konsequente Leistungsorientierung und die Berücksichtigung der veränderten Werte im Berufs- und Privatleben als relevante Erfolgsfaktoren für die Umsetzung von DiM betrachtet werden können. So betont die Beratung, dass Unternehmen, die ein adäquates Umfeld für neue Lebenswirklichkeiten bieten, den nötigen Spielraum für Höchstleistungen ihrer

Mitarbeiter schaffen können (McKinsey & Company Inc., 2011). Verschiedene andere Studien belegen nachhaltig, dass sich das gezielte Einsetzen von und Vertrauen in die individuelle Kompetenz der Mitarbeiter lohnen, da so Innovationsfähigkeit als auch Produktivität der Mitarbeiter und dadurch des Unternehmens erhöht werden (z. B. Fuhrmann und Boeck 2001; Kleinbeck und Fuhrmann 2001).

DiM ist damit ein geeigneter Ansatz, um dem Megatrend Individualisierung zu begegnen und gleichzeitig die Unternehmensproduktivität zu sichern: Das Unternehmen kann die verschiedenen Kompetenzen und Sichtweisen, die ihre Mitarbeiter mitbringen, so einsetzen, dass die Kundenwünsche auf Unternehmensseite „gespiegelt" werden. Beispielsweise kann ein älterer Mitarbeiter für Privatkunden im Bankensektor eingesetzt werden, um der Zielgruppe älterer Privatkunden mit hoher Liquidität seriös zu entgegnen und seine langjährigen Erfahrungen hier glaubhaft einzubringen. Ein brasilianisch-stämmiger Mitarbeiter kann sich z. B. sehr gut bei der Vermarktung von Produkten einbringen, die zum größten Teil in Südamerika verkauft werden, weil ihm die kulturellen Besonderheiten vertraut sind. Mittels DiM werden so die internen Entwicklungen (gestiegene Heterogenität ihrer Mitarbeiterschaft) für die externe Veränderung (Auflösung der homogenen Kundengruppen) gezielt genutzt.

Um diese Unterschiedlichkeit nutzbar zu machen, muss Individualität im Unternehmen geschätzt werden. Zur Wertschätzung der Unterschiede zwischen Mitarbeitern gehören sowohl die Akzeptanz unterschiedlicher Werte und Lebensstile als auch die Schaffung solcher Strukturen, die es den Mitarbeitern ermöglichen, ihr Leistungspotenzial gemäß den unternehmerischen Zielsetzungen voll zur Geltung zu bringen und sich weiter zu entfalten. Für die Konzeption von DiM heißt dies, dass verschiedene Maßnahmen integriert werden müssen, welche die Individualität der Mitarbeiter fördern und gleichzeitig die Vereinbarung individueller Lebenskonzepte mit der Arbeit ermöglichen. Gelingt dies, können Unternehmen mit Fokus auf Individualisierung ihre Arbeitgeberattraktivität sichern und mit einer Kultur der Vielfalt zugleich der Heterogenität in den Absatzmärkten begegnen.

Die Autorinnen zeigen im Weiteren auf, dass sich mit Fokus auf die Individualisierung gerade bei den Diversity-Dimensionen Kultur, Geschlecht und Alter grundlegend neue Entwicklungen vollzogen haben und weiter vollziehen werden. Diesen gilt es auf Unternehmensseite mit adäquaten Umsetzungsstrategien zu begegnen, die in den folgenden Kapiteln dargestellt werden.

2.1 Individualisierung aus dem Blickwinkel Kultur

Internationalisierung und Globalisierung haben sich zu beständigen Komponenten der unternehmerischen Umwelt entwickelt. Die aus diesen Faktoren resultierende Umstrukturierung von Absatz-, Beschaffungs- und Arbeitsmärkten, von

Arbeitsmärkten sowie in den Mitarbeiterstrukturen machen eine permanente Be-rücksichtigung von Internationalisierung und Globalisierung im unternehmeri-schen Handeln notwendig (Aretz und Hansen 2003). Die mit der Internationali-sierung einhergehende Konfrontation mit Vielfalt in unternehmerischen Kontexten wird den Aspekt des interkulturellen Umgangs im Unternehmen mehr denn je an Relevanz gewinnen lassen. Langfristig erfolgreich sind daher nur solche Unterneh-men, die durch internationale Verflechtungen die Interessen der Stakeholder sowie die Zukunftsmärkte sinnvoll in einer ganzheitlichen Intercultural DiM-Strategie vereinen. Intercultural DiM fokussiert die Handlungen zur Handhabung kultureller Heterogenität (Köppel et al. 2007) mit dem Ziel, hierfür unternehmensspezifische Konzepte und Maßnahmen zu entwickeln. Die große Chance für Unternehmen, die Interkulturalität ihrer Mitarbeiterschaft zu fördern, ist es, die unterschiedlichen kulturellen Hintergründe der Mitarbeitenden dahingehend zu nutzen, Probleme differenzierter zu betrachten und diese gemäß der Bedürfnisse der jeweiligen Kun-dengruppe zu lösen.

Um diesen Vorteil zu nutzen, ist es nötig, die individuellen, kulturellen Identi-täten und die darauf basierenden Ansichten und Verhaltensweisen der Mitarbeiter unterschiedlicher Kulturen im Unternehmenskontext zu berücksichtigen und diese in eine international geprägte Organisationskultur zu integrieren. Mit Blick auf die Individualisierung gilt es in den Unternehmen Mitarbeiter zusammenzuführen, die aufgrund ihrer kulturspezifischen Sozialisierung unterschiedliche Freiheitsräu-me in ihren bisherigen Tätigkeiten kennengelernt und erlebt haben. So verweist eine Studie von Bigoness und Blakley (1996) darauf, dass es trotz der zunehmend wirtschaftlichen Verflechtung in Zukunft weiterhin kulturspezifische Unterschiede hinsichtlich des Führens und Geführt-Werdens geben wird.

Diese Erkenntnis bestätigt auch die Studie von House et al. (2004) eindrück-lich in ihrem Global Leadership and Organizational Behavior Effectiveness Re-search Program (GLOBE). In dem derzeit umfangreichsten Projekt im Rahmen der kulturspezifischen Studien wurden 17.000 Manager in 62 Gesellschaften aus 951 Unternehmen untersucht, die den drei Branchen Finanzwesen, Lebensmittelbran-che und Telekommunikation angehörten. Ein Ziel der Studie war es u. a. heraus-zufinden, durch welche Eigenschaften und Verhaltensweisen sich als hervorragend eingestufte Führungskräfte in dem jeweils untersuchten Land, in der jeweiligen Organisation und über verschiedene Branchen hinweg auszeichnen. Diesbezüglich wurden in der GLOBE-Studie sechs Führungsdimensionen identifiziert: verände-rungs-/verbesserungsorientiert, teamorientiert, partizipativ, humanorientiert, auto-nomieorientiert, autoritätsorientiert (Brodbeck 2008). Mit Hilfe dieser Führungs-dimensionen lassen sich landeskulturelle Unterschiede und Gemeinsamkeiten abbilden. Mittels detaillierter Analysen wurde ermittelt, welche Führungsmerk-male universell bzw. global als effektiv gelten. Hierzu gehören Führungsmerkmale, die mit Verbesserungs- und Veränderungsbereitschaft zu tun haben (z. B. „vorausschauendes Planen und Handeln", „hohe Leistungsorientierung", „positives Denken", „andere motivieren") und teamorientierte Führung (wie beispielsweise die Merkmale „fördert Kommunikation und Kooperation", „organisiert gut", „kommuniziert gut") (Dorfman et al. 2004). Die Ergebnisse der GLOBE-Studie verdeutlichen, dass als universell geltende Führungsmerkmale sich ausschließlich auf den Umgang mit Menschen und sozialen Gruppen in Organisationen beziehen und dass der Gesellschaftskultur eine zehnmal stärkere Vorhersagekraft für Organisations- und Führungskultur zukommt als dem Business Kontext (Brodbeck 2008 vgl. auch Brodbeck et al. 2002). Aufgrund der vorliegenden Ergebnisse der GLOBE-Studie empfiehlt Brodbeck (2008, S. 22), dass die Unternehmen Führungskräften ermöglichen sollten, sich in Ländern verschiedener Kultur-Cluster zu bewähren und sich anschließend auf ein oder zwei Ländern mit möglichst nahe beieinander liegenden Kulturclustern zu spezialisieren. Gleichzeitig sollten Unternehmen laut Brodbeck eine konzern- bzw. firmenweite, sich an universellen Führungsmerkmalen orientierende Führungskultur entwickeln. Darüber hinaus müssten die jeweiligen Führungspraktiken und Verhaltensweisen an die landesspezifischen Kulturstandards angepasst werden.

Cockwell (2013) betont ebenfalls, dass es angesichts der zunehmenden Herausforderungen, bedingt durch die Internationalisierung, seitens der Unternehmen erforderlich ist, entsprechende Maßnahmen zu entwickeln, die Führungskräfte auf unterschiedlichen Ebenen eine Kompetenzerweiterung hinsichtlich des Umgangs mit Diversity ermöglichen. Diese müssen jedoch auch den individuellen Bedürfnissen der Führungskräfte gerecht werden und durch eine entsprechende Unternehmenskultur unterstützt werden. So gilt es zum Einen Führungskräfte individuell und hinsichtlich der im Kontext der Internationalisierung erforderlichen Kompetenzen zu stärken, zum Anderen jedoch Widersprüche zwischen den angeeigneten kulturspezifischen Standards und den vielfältigen Hintergründen der Mitarbeiter zu vermeiden.

Neben der Sensibilisierung und Schulung der einzelnen Führungskraft müssen ebenfalls die Herausforderungen, die in der Zusammenarbeit von Mitarbeitenden und Teams aus der Internationalisierung resultieren, in die Intercultural DiM-Strategie mit einbezogen werden. Hinsichtlich der Überbrückung zeitlicher und räumlicher Distanzen hat sich zunehmend ein Konzept etabliert, welches die Projektarbeit in länderübergreifenden Teams ermöglicht. Unter dem Begriff der virtuellen Teams werden flexible Arbeitsgruppen zusammengefasst, deren auf unterschiedliche Standorte verteilten Mitglieder ortsunabhängig zusammenarbeiten und informationstechnisch vernetzt sind (Konradt und Hertel 2002), sodass ein internationaler Wissenstransfer ermöglicht wird.

Insbesondere bei dieser Zusammenarbeit virtueller Teams müssen verschiedene Herausforderungen berücksichtigt werden: So muss es bereits in den Phasen der Teamentwicklung gelingen, die kulturspezifischen Besonderheiten und Meinungsbilder anderer Teammitglieder kennenzulernen und in einem arbeitsorientierten Kontext mit diesen umgehen zu können (Tuckman 1965; Fisher und Fisher 2011; Zofi 2012). Die Teamentwicklung, welche die Prozesse umschreibt, die durch die Interaktion der Teammitglieder entstehen und schließlich zu Verbundenheit und Beziehungsstrukturen zwischen den Teammitgliedern führt, wird dabei vor allem durch den rein virtuellen Kontakt erschwert (Köppel 2007; Boos und Jonas 2002). Denn die Wahrnehmung eines Gesprächspartners und der Umgang über einen Bildschirm sind dabei deutlich vom persönlichen Kontakt zu differenzieren. So werden die Mitglieder virtueller Teams während ihrer Projektarbeit auch mit der Individualität und kulturell beeinflussten Diversität ihrer Teammitglieder konfrontiert. Dies stellt im Kontext der Virtualität eine besondere Schwierigkeit dar, denn durch den fehlenden persönlichen Kontakt sind solche Reaktionen, die im unmittelbaren Gespräch über Mimik und Gestik zum Ausdruck kommen, kaum oder gar nicht erkennbar. Damit fehlt eine wichtige Ebene der Kommunikation, was den Informationsaustausch im Allgemeinen, aber im Besonderen die Verständigung bei unterschiedlichen, kulturellen Hintergründen erschwert, wodurch Missverständnisse resultieren. So ist beim Einsatz virtueller Teams in interkulturellen Kontexten die Sensibilität für kulturelle Vielfalt ein erfolgsentscheidender Aspekt.

Durch ein gezieltes Intercultural DiM kann es den Unternehmen gelingen, die oftmals unterschätzten Herausforderungen, die durch die Zusammenarbeit in interkulturellen Kontexten entstehen, zu bewältigen. Denn die länderübergreifende Kommunikation erfordert nicht nur die Berücksichtigung zeitlicher Unterschiede, sondern auch das Wissen um die sozialen Gepflogenheiten und kulturell bedingten Traditionen des Kommunikationspartners. Die Fragen, die sich Unternehmen in Zukunft daher vermehrt stellen müssen, lauten: „Wie gehen wir mit der kulturellen Heterogenität und der Individualität unserer Mitarbeiter um? Und wie nutzen wir diese optimal?" In diesem Kontext wird nicht nur die interkulturelle Vielfalt tangiert, sondern auch die mannigfaltige sowie individuelle Art und Weise zu kommunizieren.

Bei der Implementierung von Intercultural DiM ist darauf zu achten, dass die in diesem Kontext entwickelten Ziele auf die Unternehmensstrategie ausgerichtet werden, um dadurch einen unternehmerischen Zusammenhang zwischen dem Unternehmenserfolg und dem Intercultural DiM herzustellen. Hierfür bedarf es einer eingehenden Analyse der mittelfristigen und langfristigen strategischen Ausrichtung des Unternehmens, um darauf aufbauend eine den individuellen Bedürfnissen des Unternehmens angepasste DiM-Strategie zu entwickeln. Dabei müssen sowohl die Bedürfnisse aller Stakeholder als auch die Vereinbarkeit zwischen Implementierungskonzept und Unternehmenskultur berücksichtigt werden. Die Betonung von Gemeinsamkeiten zwischen den Kulturen und die Verbundenheit der länderübergreifend agierenden Teammitglieder als Gruppierung, die ein gemeinsames Ziel verfolgt, kann dabei zum Beispiel einen Ansatz darstellen, der Intercultural DiM und den Unternehmenserfolg in einen Konsens bringt, da das Commitment im Unternehmen gestärkt und ein zielorientierter Umgang mit kulturbedingten Barrieren ermöglicht wird.

Aus der operativen Perspektive ist es empfehlenswert, vergleichbar mit der Vorgehensweise im Projektmanagement, bereits für die Zieldefinition einen aus verschiedenen Interessengruppen bestehenden Lenkungskreis zu bilden, der gemeinsam mit dem Betriebsrat als Promotor bei der Implementierung des Intercultural DiM fungiert. Im Anschluss an die Zieldefinition erfolgt die systematische Ist-Analyse. Hier wird analysiert, welche Maßnahmen zum Umgang mit interkultureller Vielfalt das Unternehmen bereits anbietet und in welchem Reifezustand sich das Unternehmen diesbezüglich befindet. Anschließend wird erarbeitet, wie vorhandene mit noch erforderlichen Maßnahmen in einer einheitlichen Strategie verbunden werden können. Folgende Maßnahmen fördern die Sensibilisierung und Souveränität in interkulturellen Arbeitskontexten (Tab. 2.1):

Es ist empfehlenswert, eine Kombination aus bewusstseinsbildenden Maßnahmen (Awareness-Trainings) und dem Erwerb konkreter Fähigkeiten (Skill-Building-Trainings) zu wählen (Vedder 2008, S. 16). Dies bedeutet für das Intercultural DiM sowohl Wissen über kulturelle Unterschiede als auch Kenntnisse über Leistungs- und Verhaltensnormen des Unternehmens/Projekts/Teams zu vermitteln. Das Ziel aller Maßnahmen zum Umgang mit Interkulturalität sollte dabei sein, die Mitarbeitenden hinsichtlich ihres interkulturellen Wissens (kognitiv), ihres interkulturellen Gespürs (affektiv) und der entsprechenden Handlungskompetenzen (verhaltensorientiert) zu sensibilisieren (Herbrand 2002, S. 48), sodass eine möglichst störungsfreie, effiziente und kulturell bereichernde Kommunikation in interkulturellen Arbeitskontexten ermöglicht wird.

2.2 Individualisierung aus dem Blickwinkel Geschlecht

Die Betrachtung der Diversity-Dimension Geschlecht unter dem Aspekt der Individualisierung führt zu der Thematisierung von Chancengleichheit zwischen Mann und Frau im Berufsleben. Auch wenn in Deutschland heute bereits vielfältige Lebenswirklichkeiten von Frauen und Männern zu verzeichnen sind, bestehen nach wie vor gravierende Unterschiede und ungleiche Chancen zwischen Frauen und Männern (BMSFSJ 2011a). Diese zeigen sich bei der Berufswahl, bei der Gründung einer Familie hinsichtlich der damit verbundenen Sorgepflichten und der Formen der Erwerbstätigkeit, beim Aus- und Wiedereinstieg in den Beruf sowie bei

Tab. 2.1 Maßnahmen zur Förderung der Interkulturalität in Unternehmen (eigene Darstellung)

Organisationsebene	Schaffung einer Projektorganisation, die Strukturen für die Berücksichtigung interkultureller Zusammenarbeit vorgibt
	Auswahl eines Projektmanagers mit interkulturellen Kompetenzen, Erfahrung mit interkulturellen Fragestellungen und Businesskulturen
	Projektplanung dem Wissen um Interkulturalität anpassen
	Einfluss der kulturellen Hintergründe auf die Projektphasen zeitlich einkalkulieren
	Einbeziehung von Methoden zur Führung interkultureller Teams
	Definition festgelegter Verantwortungsbereiche, die jedoch auch Handlungsfreiheit ermöglichen
	Einführung flexibler Team-Arbeitszeiten
	Permanenter Einbezug der Interkulturalität und Individualität der Mitarbeiter in strategische und organisatorische Entscheidungen
Mitarbeiter-Ebene individuell	Akzeptanz und Transparenz hinsichtlich des formalen Projektmanagementansatzes schaffen um eine einvernehmliche, interkulturelle Zusammenarbeit zu ermöglichen
	Individuelle Mitarbeiter-Schulungen hinsichtlich der interkulturellen Handlungskompetenzen (Culture-Coach)
	Kommunikationstraining insbesondere hinsichtlich der Kommunikation auf verbalen Plattformen (insbesondere für virtuelle Teams)
	Schulungen bezüglich technischer Anwendungen und Kommunikationsmedien
	Sprachkurse
Mitarbeiter-Ebene übergreifend	Interkulturelle Vielfalt und die Wertschätzung von Individualität durch Leitlinien in die Unternehmenskultur integrieren
	Individualität als Bereicherung für jede Teamarbeit und somit als wünschenswerte Komponente der Unternehmensstruktur und Teil der Unternehmenskultur aktiv im Unternehmen fördern (z. B. durch Auszeichnung erfolgreicher, heterogener Teams, Kommunikation von diversen Lebenswelten der Mitarbeitenden in Unternehmenszeitschriften)

der Bezahlung. Vor allem sind es Geschlechterstereotype (Stangel-Meseke 2009; Klauer 2008), die aufgrund damit einhergehender Zuschreibungen von Eigenschaften und Fähigkeiten des jeweiligen Geschlechts Frauen und Männern ganz bestimmte Wege im Erwerb vorgeben, damit Rollen manifestieren und zu einer Kluft zwischen individuellen Erwerbswünschen und der Erwerbsrealität führen, weil sie als Normvorstellungen die jeweilige Gesellschaft prägen.

Dies ist umso gravierender, da sich in der heutigen Zeit die Lebensrealität junger Frauen und Männer geändert hat (BMFSFJ 2014). Während immer mehr Mütter mit kleinen Kindern ihrem Beruf nachgehen, wünschen sich immer mehr Männer stärker am Familienleben beteiligt zu werden. Dennoch sind in vielen Familien Erwerbs- und Sorgearbeit ungleich auf Mann und Frau verteilt: 60 % aller Paare mit kleinen Kindern wünschen sich heute eine partnerschaftliche Arbeitsteilung, d. h. eine gleiche Teilhabe am Familienleben und am Erwerb mit Aufstiegsmöglichkeiten. Allerdings können nur 14 % dieses Lebensmodell verwirklichen. Obwohl viele Entscheidungen von Paaren heute im Paarzusammenhang gemeinsam getroffen werden, sind die Folgen dieser Entscheidungen für die Geschlechter unterschiedlich. Nach der Geburt von Kindern ist es üblicherweise so, dass Frauen häufiger ihren Erwerb unterbrechen als Männer (Statistisches Bundesamt 2012), was zu deutlichen Nachteilen führt. So arbeiten Frauen aus familienbedingten Gründen und einem nach wie vor vorherrschenden, traditionellen Rollenverständnis der Aufteilung von Familie und Beruf in Deutschland länger in Teilzeit als ihre Partner und weisen im Gegensatz zu ihren Partnern eine fragmentierte Erwerbsbiografie durch Phasen der Erwerbstätigkeit, der Nicht-Erwerbstätigkeit sowie geringfügiger Beschäftigung auf (BMSFSJ 2011a). Bei Männern verhält es sich genau gegenteilig. Sie bleiben nach der Familiengründung meist in Vollzeit erwerbstätig und haben nur kurze Unterbrechungen im Erwerb. Dies garantiert ihren beruflichen Aufstieg und ihre Weiterentwicklung. Die langfristigen Auswirkungen zeigen sich vor allem dann, wenn Frauen ungewollt die Rolle als Familienernährerin übernehmen müssen oder im Alterssicherungseinkommen, das bei Frauen heute um 57 % geringer ist als bei Männern (Bylow und Vaillant 2014).

Allerdings haben auch Männer oft nur ein begrenztes Entscheidungsspektrum: Aufgrund der horizontalen Arbeitsmarktsegregation (Trennung der Berufe in typische Frauen- und Männerberufe) entscheiden sie sich zum Beispiel selten für soziale und Pflegeberufe. Diese sind oft schlechter bezahlt als typische Männerberufe und aufgrund der Tatsache, dass Männer in frauentypische Domänen dringen, fühlen sich Männer in diesen Berufen häufig diskriminiert. Hinzu kommt, dass Männer aufgrund eines klassischen Rollenverständnisses häufig in die Rolle des Familienernährers gedrängt werden. Die Geschlechterstereotypisierung wird vor allem deutlich, wenn Männer im Beruf vermeintlich „weibliches Verhalten" i. R. ihrer Familie zeigen: So fürchten Männer, dass die Akzeptanz für Männer in einer längeren Elternzeit wesentlich geringer als bei Frauen sei. Daher nehmen die meisten Väter nur eine sehr kurze Elternzeit in Anspruch (MFKJKS Westfalen 2013). Erschwerend kommt hinzu, dass Männern in den Unternehmen Teilzeitarbeit seltener zugestanden wird und insgesamt wenig männliche Rollenvorbilder für eine solche Arbeitsform existieren (BMFSFJ 2014).

Die meisten Unternehmen sind noch durch eine männlich-konnotierte Arbeits-kultur geprägt. Dies zeigt sich besonders deutlich in der Besetzung der Füh-rungspositionen. Zwei intervenierende Aspekte beeinflussen dabei maßgeblich unterschiedliche Karriere-Verläufe bei Männern und Frauen: Familienstand und Arbeitszeit. Bei Frauen führen Kinder und eine damit verbundene Auszeit zu einem Karriereknick, während Kinder bei Männern karriereförderlich sind, weil sie das Stereotyp einer klassischen, typischerweise männlichen Führungskraft erfüllen (Mann in geordneten Familienverhältnissen). Dieses sog „think manager – think male stereotype" (von Rennenkampff 2005) besagt, dass Führung vorwiegend mit männlich assoziierten Eigenschaften verbunden ist (dominant, konkurrenzorien-tiert, etc.). Dadurch wird es Frauen zusätzlich erschwert, in Führungspositionen als adäquate Kandidatinnen wahrgenommen zu werden (Quaquebeke und Schmerling 2010; BMFSFJ 2011a). Eine Studie der Personalberatung LAB & Company in 2013, in der 110 Frauen und 399 Männer zu ihren Vorschlägen zur Verbesserung der Aufstiegschancen von Frauen befragt wurden, ergab, das sich beide befragten Geschlechter darüber einig sind, dass Handlungsbedarf der Unternehmen in den Bereichen flexible Arbeitszeitmodelle, betriebseigene Kitas und Kinderbetreuung bestünde. Ferner ergab die Studie, dass Trainings- und Mentoring-Programme Frauen helfen, ihre Aufstiegschancen zu verbessern (LAB & Company 2013).

Aufgrund dieser ungleichen Chancen für Frauen und Männer im Erwerb gilt es bei der Diversity-Dimension Geschlecht, Chancengleichheit durch Maßnahmen zu schaffen, die Stereotypen aufdecken und abbauen helfen, um so individuellen Wünschen im Erwerb und in der Familie Raum zu geben. Ferner muss weiteren Hemmnissen, die momentan noch vorwiegend ein Geschlecht benachteiligen, mit adäquaten Interventionen im Unternehmen begegnet werden. Eine ausgeglichene Repräsentanz von weiblichen wie männlichen Sichtweisen in der Unternehmens-kultur bietet Vielfalt bei den Herangehensweisen und Umsetzung von Unterneh-menszielen. In dieser Entwicklung geht es nicht um das Ersetzen einer männlich dominierten Wirtschaft durch eine weiblich geprägte Sicht, sondern vielmehr um die Integration weiblicher Aspekte in die Wirtschaft (Zukunftsinstitut 2010).

Eine Studie der Wirtschaftsprüfungsgesellschaft Ernst & Young (2012) wie auch eine Untersuchung des Credit Swiss Research Institute (2012) konnten nachwei-sen, dass sich Unternehmen mit weiblichen Vorstandsmitgliedern von 2005–2010 bei den wirtschaftlichen Kennzahlen besser entwickelt haben als Unternehmen ohne gemischte Führungsteams. Das BMSFSJ (2010a) befragte deutsche Männer und Frauen in Führungspositionen zu ihren Einstellungen bzgl. Frauen in Führung. 85 % der Frauen und 74 % der Männer stimmten der Aussage zu, dass „Positionen im gehobenen Management sowohl mit Frauen als auch mit Männern besetzt sein sollten, weil dies die Chance auf ökonomischen Erfolg eines Unternehmen erhöhe" (BMSFSJ 2010a, S. 22).

Für Unternehmen ist es deshalb wichtig, ihre Unternehmenskultur auf potenzi-al-hemmende Stereotype hin zu analysieren und diese abzubauen. Geschlechtsun-abhängige Chancen bieten dem Unternehmen die Möglichkeit, den individuellen Bedürfnissen ihrer Mitarbeitenden Raum zu geben und deren Fähigkeiten unab-hängig von der Entwicklung der Personen hinderlichen Stereotypen nutzbar zu machen. Dies erweitert den Zugriff auf die menschlichen Ressourcen, was vor allem in Zeiten des Fachkräftemangels und im Wettbewerb um Highpotentials, dem sog. „War for talents" (Michaels et al. 2001) Wettbewerbsvorteile für das Un-ternehmen birgt.

Unternehmen fördern z. B. mit gezielten, familienorientierten Maßnahmen, dass sie Mitarbeitende über eine Erhöhung der Arbeitszufriedenheit an sich bin-den und so mit engagierten und motivierten Mitarbeitenden ihren wirtschaftlichen Erfolg sichern. Je stärker sich Unternehmen für die individuellen Bedürfnisse der Mitarbeitenden interessieren und engagieren, umso erfolgreicher sind sie. So zeig-te eine Studie des Forschungszentrums Familienbewusste Personalpolitik (2008), dass z. B. familienbewusste Unternehmen signifikant positivere Effizienz aufwei-sen, was sich durch eine Analyse verschiedener wirtschaftlicher Kennzahlen be-stätigte. Dies wurde durch eine 17 % höhere Mitarbeiterproduktivität, eine 17 % höhere Motivation und 13 % geringere Fehlzeiten deutlich. Ebenso konnte die Ver-bundenheit zum Unternehmen erhöht werden: Die Bindung der Mitarbeiter stieg um 17 % und auch die der langfristigen Kunden wurde um 12 % deutlich erhöht.

Mit der Diversity-Dimension Geschlecht kann auf Organisations- und Mitarbei-ter-Ebene angesetzt werden, um ein balanciertes individualisiertes Geschlechter-verhältnis im Unternehmen herzustellen, das den individuellen Bedürfnissen sowie Qualifikationen der beschäftigten Frauen und Männern genügt und durch die Er-gänzung männlicher und weiblicher Sichtweisen einen Nutzen für das Unterneh-men schafft (Tab. 2.2).

2.3 Individualisierung aus dem Blickwinkel Alter

Der sich in Deutschland vollziehende demografische Wandel führt dazu, dass sich bis 2030 die Anzahl der Einwohner um voraussichtlich 5,7 % (77,4 Mio.) reduzie-ren wird. Die dann existierende Bevölkerung ist gekennzeichnet durch ca. 17 % weniger Kinder und Jugendliche, knapp 15 % weniger erwerbsfähige Personen so-wie einen zahlenmäßigen Anstieg der 65-Jährigen und Älteren (Statistische Ämter des Bundes und der Länder 2011). So prognostizieren die in dem sechsten Bericht zur Lage der älteren Generation in der Bundesrepublik Deutschland (BMFSFJ 2011b) ausgewiesenen Statistiken zur demografischen Entwicklung einen Anstieg

Tab. 2.2 Maßnahmen für ein balanciertes individualisiertes Geschlechterverhältnis (eigene Darstellung)

Organisations-Ebene	Verankerung der Geschlechtergleichheit in den Unternehmenswerten und -zielen
	Newsletter zu veränderten Rollen von Frauen und Männern im Erwerb, begleitende Fachvortragsangebote, interne und externe Auftritte von geschlechteruntypischen weiblichen und männlichen Führungskräften
	Zielvereinbarungen mit Kennzahlen zur Förderung unterrepräsentierter Gruppen für unterschiedliche Hierachieebenen und Fachbereiche
	Einführung einer unternehmensinternen Geschlechterquote
	Beachtung der Repräsentanz beider Geschlechter bei Besetzung von unternehmensinternen Teams und Gremien
	Gendersensibles/-gerechtes Recruiting: Überprüfung und Anpassung der Stellenbeschreibungen unter Einhaltung des Allgemeinen Gleichbehandlungsgesetzes; einheitliche unternehmensinterne Vorgaben zur Qualifizierung der an Auswahl- und Entwicklungsprogrammen beteiligten Personen (z. B. geschlechtersensibilisierende Trainings, personelle Prozessbegleitungen ausschließlich mit geschlechterheterogener Besetzung)
	Karriereplanung (z. B. Skills-Management)
	Kommunikation von „Role Models" (z. B. männliche Führungskraft im Job Sharing und in Elternzeit)
	Kontakthaltemöglichkeiten/-programme für Mitarbeitende, die auf Grund einer betrieblichen Auszeit wenig Kontakt zum Unternehmen haben (z. B. Zugriff auf den Unternehmens-Email-Account; für Mitarbeitende in der Elternzeit und mit einem geringfügigen Teilzeitmodell Teilnahme an Schulungen und Weiterbildungen)
Mitarbeiter-Ebene	Mentoring und Coaching für Führungskräfte und Mitarbeitende aller Ebenen als gezielte Entwicklung einzelner Personen zur Unterstützung bei der Überwindung bestehender Stereotypen
	Unterstützung bei individueller Karriereplanung für die Integration von Beruf und Familie (z. B. durch eingesetzte Familienbeauftragte), Individuelle Beratung für den Wiedereinstieg in den Beruf (z. B. nach Elternzeit, Pflege Angehöriger, Sabbatical)
	Interne Programme zur Förderung unterrepräsentierter Gruppen, Schaffung von Role Models und Veränderung des Stereotyps (z. B. durch Mentoringprogramme für weibliche Führungskräfte)
	Flexible Arbeitsmodelle zur Vereinbarkeit von beruflichen und privaten Verpflichtungen: Home Office, Shared Leadership/Work, Wechsel von Teilzeit- und Vollzeit-Tätigkeiten
	Unterstützung bei familiärer Verantwortung von Kindern oder Pflegenden: Betriebskindergarten, Ferienprogramme für Kinder, Notfall-Betreuungslösungen, finanzielle Unterstützung bei Betreuungskosten, Vorteile für Mitarbeitende durch Kooperationen des Unternehmens mit Betreuungseinrichtungen
	Training zur Reflexion und Sensibilisierung generationsspezifischer Stereotype und deren Auswirkungen

älterer Arbeitnehmer an der erwerbstätigen Bevölkerung zwischen 20 und 64 Jahren, der 2030 bereits 24 % betragen soll.

Diese demografische Entwicklung macht eine neue Sicht des Alters in der Arbeitswelt erforderlich, beispielsweise betont die Hamburger Körber-Stiftung in ihrem Bereich Gesellschaft seit einigen Jahren den Schwerpunkt „Alter neu erfinden" (http://www.koerber-stiftung.de/gesellschaft/schwerpunkt-alter-neu-erfinden.html, 26.05.2014). Die durch medizinischen Fortschritt und flankierende Gesundheitsprävention resultierende, längere, physische und psychische Gesundheit älterer Personen (BMFSFJ 2010b; S. 7 f.) führt zu neuen individuellen Ansprüchen dieser Generationengruppe: Sie wünschen sich länger am Erwerb teilzuhaben. So planen laut der Studie des Personaldienstleisters Robert Half in 2010, 58 % der Deutschen im Rentenalter weiter zu arbeiten (Robert Half 2010, S. 17). Ältere Personen sind bereit, ihre praktische und erfahrungsbasierte Intelligenz (Bruch und Kunze 2007) auch gesellschaftlich zu nutzen, was sich einerseits in der Arbeit im Ehrenamt (Sievert et al. 2013, S. 48) und andererseits in einer erhöhten Weiterbildungsbereitschaft niederschlägt.

Neuere Zukunftskonzepte beschäftigen sich daher aktuell intensiv mit den individuellen Bedürfnissen der sogenannten Downager und sehen in ihnen eine neue Zielgruppe, so z. B. das Institut für Trend- und Zukunftsforschung (http://www.50plus.de/article/die-neue-macht-der-50plus-frauen.html, 26.05.2014). Für die deutsche Wirtschaft ist es mehr denn je relevant, das Fachwissen, die Erfahrungen und Kompetenzen älterer Mitarbeiter derart in unternehmerische Prozesse einzubinden, dass eine gleichbleibende Produktivität gewährleistet werden kann. Dies bedingt zwingend, dass sich Unternehmen auf die individuellen Bedürfnisse dieser Mitarbeitergruppe einstellen. Ziel muss es daher sein, die Beschäftigungsfähigkeit und einen langfristig produktiven Einsatz älterer Mitarbeiter i.S. einer demografiebewussten Personalpolitik in den Unternehmen zu sichern (BMFSFJ 2008, S. 31).

In diesem Kontext betonen Müller und Sander (2011, S. 82 f.), dass die Unternehmen die besonderen Herausforderungen einer alternden Belegschaft in einem angepassten Risiko- und Ressourcenmanagement berücksichtigen müssen. Hier gilt es vor allem, besondere Potenziale der Mitarbeitenden zu stärken. Sprenger (2005) verweist darauf, dass gerade ältere Mitarbeitende ein facettenreiches Spektrum an Fähigkeiten aufweisen: Souveränität bei der Lösung komplexer Aufgaben mit hoher Zielorientierung und Fähigkeit zur Priorisierung, Gelassenheit in belastenden Situationen und Relativierung eigener Betroffenheit, realistisches Entscheidungsverhalten und gute Handlungsökonomie aufgrund von betriebsspezifischem Handlungswissen, hohe Toleranz gegenüber unterschiedlichem Arbeitsverhalten und gut funktionierende Netzwerke etc. Alle diese exemplarisch genannten Fähigkeiten sind relevante Schlüsselqualifikationen, die maßgeblich den Erfolg des Unternehmens mitbestimmen. Darüber hinaus sind laut Sander und Müller (2011) die individuellen Bedürfnisse der älteren Mitarbeiter zu berücksichtigen und in das unternehmerische Umfeld zu integrieren.

Eine demografiebewusste Personalpolitik darf sich keinesfalls nur auf das fortgeschrittene Alter der Belegschaft beziehen, sondern gleichgewichtig zu den Bedürfnissen älterer Mitarbeitender sind die individuellen Belange jüngerer Mitarbeitender zu berücksichtigen. Mit einer altersheterogenen Belegschaft gilt es den existenziellen Erfahrungs- und Wissenserhalt im Unternehmen zu sichern, indem ältere und jüngere Kollegen ihr Wissen und ihre Kompetenzen zur gegenseitigen individuellen Bereicherung und für das Unternehmen einbringen (Bertelsmann Stiftung & Bundesvereinigung der Deutschen Arbeitgeberverbände 2005). Um die Beschäftigungsfähigkeit im höheren Alter zu sichern, müssen Unternehmen bereits in jüngeren Jahren die Weiterbildung ihrer Mitarbeitenden und die, dem wissenschaftlichen Stand entsprechende, Gesundheitsprävention aktiv forcieren.

Die Studie des Personaldienstleisters Robert Half (2010) bestätigt die vielseitigen Herausforderungen, die mit einer heterogenen Belegschaft einhergehen. So zählt die allgemein vertretene Ansicht, dass ein „[...] effizientes Arbeiten in generationsübergreifenden Teams schwierig ist" (S. 5) zu den wesentlichen Erkenntnissen, die in der Studie gewonnen werden konnten. Da eine Verwirklichung einer altersheterogenen Belegschaft die tägliche Zusammenarbeit von unterschiedlichen Generationen erfordert, die hinsichtlich ihrer Eigenschaften stark divergieren, müssen sich Unternehmen mit den generationsspezifischen Denkweisen vertraut machen und aktiv mit den daraus resultierenden Herausforderungen umgehen. Insbesondere hinsichtlich der verschiedenartigen Einstellungen von Generation Y, deren Mitglieder zwischen 1979 und 1999 geboren wurden und als ichbezogen, technologieaffin und perspektivenreich umschrieben werden, im Kontrast zu den Babyboomern (1949–1964), die als erfolgreich, liberal und nach Entschleunigung strebend skizziert werden, ergibt sich ein Konfliktpotenzial. Die in der Studie genannten Gründe für die Diskrepanz zwischen den Generationen beziehen sich zum einen auf das Unverständnis bezüglich der Arbeitsweise und Lebenseinstellung der jeweils anderen Generation, zum anderen auf die Erwartungshaltung, dass die jeweiligen Ansichten eine Veränderung erfordern (ebd., S. 5).

Zusammenfassend zeichnet sich der hier thematisierte Individualisierungstrend in Bezug auf Alter durch zwei wesentliche Trends aus: Zum einen hat sich die Sicht auf Alter geändert und die Defizit-Betrachtung des Alterns ist einer Chancen-Betrachtung gewichen. So führen u. a. die demografischen Veränderungen dazu, dass Unternehmen sich verstärkt mit der Integration älterer Mitarbeitender beschäftigen müssen, um existenzfähig zu bleiben. Darüber hinaus führt der medizinische Fortschritt dazu, dass sich sowohl der physische als auch psychische Zustand älterer Menschen erheblich verbessert hat. Dies wiederum hat zur Folge, dass sich ältere Personen als selbstwirksam wahrnehmen und sowohl Profit-Organisationen als auch Non-Profit-Organisationen als Arbeitskraft zur Verfügung stehen. Zum anderen müssen Unternehmen aufgrund des demografischen Wandels ein Demografiemanagement betreiben, mit dem es gelingt die Bedürfnisse der Mitarbeitenden verschiedener Generationen zum Zwecke des Unternehmens zusammenzuführen und zu befriedigen. So verweist Robert Half (2010) darauf, dass es für eine effiziente Zusammenarbeit der Mitarbeitenden eine aktive Korrektur falscher Annahmen über die jeweils andere Generation von Nöten ist. So gilt es, strategische Ausrichtung und Aufstiegschancen an die generationsspezifischen Bedürfnisse anzupassen und entlang dieser individuellen Belange unter Vermeidung jeglicher Altersstereotypisierung zu handeln.

Aus Sicht der Autorinnen kann das Diversity Management eine gezielte Einflussnahme auf den nachhaltigen Umgang mit verschiedenen Generationen und unter Berücksichtigung deren Individualität nehmen, da es konzeptuell den Umgang mit Heterogenität berücksichtigt. Wichtig ist dabei, dass alle Mitarbeitenden für das Thema „Alter" sensibilisiert werden und alle diesbezüglichen Maßnahmen am unternehmensspezifischen Bedarf ausgerichtet sind. Im Folgenden werden daher exemplarisch Maßnahmen auf Organisations- und Mitarbeiter-Ebene vorgestellt, die den Aspekt Alter und damit Generationenvielfalt im Sinne des DiM berücksichtigen und fördern (Tab. 2.3).

Aus Sicht der Autorinnen ist es wichtig, das Diversity-Konzept in Bezug auf Alter und die hier thematisierte Individualisierungstendenz zu weiten. Mit Blick auf den demografischen Wandel und die neue Sicht auf Alter gilt es vor allem, dass das Thema Mehrgenerationalität in den Fokus des DiM zu setzen und die unterschiedlichen Bedürfnisse der verschiedenen Generationen in den Unternehmenskontext zu integrieren, um so dem Megatrend Individualisierung gerecht zu werden. Dabei ist es relevant, Erkenntnisse zu den einzelnen Generationen im Unternehmenskontext zu thematisieren und stets zu aktualisieren. Die Autorinnen weisen allerdings darauf hin, dass bestimmte Begriffe wie „Digital natives" für die „Generation Y" oder auch die Bezeichnung „Silver Ager" bereits Stereotypisierungspotenzial in sich tragen. Die Autorinnen raten daher, mit diesen Kategorisierungen der Generationen im Unternehmenskontext nur behelfsweise zu arbeiten, um sog. In-und Outgroupeffekten im Generationskontext vorzubeugen. Im Fokus sollte stattdessen die unternehmensinterne Stärkung des Bewusstseins für Werte und Belange aller existierenden Generationen im Unternehmen stehen. DiM kann hier mit Maßnahmen, die den kommunikativen Diskurs über alle Altersgruppen im Unternehmen fördern, zu einem Verständnis der in der Belegschaft wahrgenommenen Unterschiede generationsbedingter kultureller Leistungs- und Verhaltensnormen beitragen. Durch die darauf aufbauende, im Unternehmen kommunizierte Wertschätzung der individuellen Belange aller Mitarbeitenden aller Altersstufen sowie die Wertschätzung des kumulierten Wissens und der Kompetenzen aller Mitarbeitenden kann der Individualisierungstrend dann berücksichtigt und umgesetzt werden.

Tab. 2.3 Erfolgreiches Age-Diversity Management (eigene Darstellung in Anlehnung BMFSFJ 2008, Dehnbostel 2004; Müller und Sander 2011, Sievert et al. 2013)

Organisations-Ebene	Erstellung von Leitlinien für eine generationsübergreifende Kultur der Wertschätzung
	Altersstruktur- und Kompetenzanalysen
	Demografie-Verträge (z. B. Demografiefonds pro Arbeitnehmer zur Finanzierung von Langzeitkonten, Altersteilzeit, Teilrenten, Berufsunfähigkeitsversicherungen, tarifliche Altersvorsorge)
	Bildung von Demografie-Expertengruppen (bestehend aus Führungskräften, Betriebsräten, Arbeitsmedizinern, externen Experten, die für unterschiedliche Unternehmens- und Aufgabenbereiche Lösungen für die bestehende Alters- und Kompetenzstruktur der Mitarbeitenden entwickeln)
	Frühzeitige Sicherung der Beschäftigungsfähigkeit für alle Altersgruppen: generationsspezifische Arbeitsplatzgestaltung, gesundheitsförderliche Angebote und Gesundheitsprävention, regelmäßige und generationsübergreifende Teilhabe an Fort- und Weiterbildungsangeboten, lernfreundliche Gestaltung von Maßnahmen (z. B. Business Talk mit integrierter Pause; generationsübergreifender Netzwerkaustausch; Veranstaltungen zur Sensibilisierung für Altersstereotypisierung)
	Anpassung quantitativer Leistungsvorgaben für Mitarbeitende mit ärztlich diagnostizierten Gesundheitsbeeinträchtigungen
	Cafeteria-System: Sozialleistungen können gemäß der eigenen Bedürfnisse nach bestimmten Regeln gewählt werden
Mitarbeiter-Ebene	Rückkehrkonzepte, die einen Wechsel von psychisch oder physisch belasteten Arbeitstätigkeiten ermöglichen (z. B. Wechsel vom Außen- in den Innendienst)
	Angebote spezieller Lernorganisationsformen: Coaching, Qualitätszirkel, Lernstatt, Lerninsel, Auftragslernen, Communities of Practice
	Arbeit in verschiedenen Arbeitsformen, wie Netzwerke, Gruppen- und Projektarbeit, Job Rotation, Job Enrichment
	Angebote für generationsintegrierendes Lernen: Arbeiten in Tandems, Patenschaften, Mentoring
	Maßnahmen zur Stressprävention und zum Umgang mit psychologischer Belastung am Arbeitsplatz
	Einführung gemeinsam organisierter Generationenveranstaltungen (z. B. ein Generationstag pro Jahr)
	Einsatz und Förderung von Junior und Senior Consultants je nach Aufgabengebiet (z. B. Kombination von erfahrenen Projektleitungen mit jüngeren Mitarbeitenden für IT-gestützte Projekte)
	Alternsorientierte Laufbahngestaltung mit begleitenden Personalentwicklungsgesprächen
	Dual-Career-Couple-Konzept
	Regelmäßige Entwicklungs-Assessment-Center für alle Altersgruppen und Ableitung individueller Personalentwicklungsmaßnahmen
	Regelmäßige Zielvereinbarungsgespräche zur Erhebung unterschiedlicher Lebenslagen (z. B. Adaption der Arbeitszeit je nach individueller Lebensphase)

Ausblick: Der individualitätsbezogene Diversity Management-Ansatz als Antwort auf Individualisierung

3

Der Megatrend Individualisierung fordert von Unternehmen, ihre Strategien und Prozessabläufe bei zunehmender Globalisierung grundlegend zu überdenken. Während Strategien und Prozessabläufe im Unternehmen Standards unterliegen, entwickelt sich unsere Gesellschaft immer stärker zu einem individuumszentrierten System, in dem es gilt, Werte und Lebensstile der Individuen zu berücksichtigen und derart wertzuschätzen, dass Mitarbeitende motiviert und mit hoher Bindung an das Unternehmen die anstehenden Leistungen für das Unternehmen erbringen. Im Konzept DiM sind Standardisierung und Individualisierung keine gegensätzlichen Aspekte, da bei DiM neben der Betrachtung des betriebswirtschaftlichen Nutzens dieses Konzepts für Unternehmen die Wertschätzung des Individuums als genuines Merkmal betont wird.

Die Autorinnen sind der Überzeugung, dass ein individualitätsbezogener Diversity-Ansatz den Blick für erfolgsrelevante Handlungen des Unternehmens zur Bewältigung der mit Individualisierung einhergehenden Anforderungen schärfen und so zum Erfolg des Unternehmens beitragen kann. Dabei muss bedacht werden, dass Unternehmen zwar die Rahmenbedingungen, Methoden und Instrumente zur Berücksichtigung individueller Belange der Mitarbeitenden stellen müssen, aber auch das Individuum selbst gefordert ist zur Realisierung des Individualisierungstrends im Unternehmenskontext beizutragen. D. h., dass in diesem Sinne ein reflexives Lernen im Unternehmen initiiert werden muss (Argyris und Schön 1978; Stangel-Meseke 2014). Bei dieser Form des Lernens müssen alle Mitarbeitenden vor allem die eigenen Theorien reflektieren, die ihr Handeln steuern. Individuen müssen darüber nachdenken, inwiefern es möglich ist, dass das Unternehmen ihre Belange erfüllen kann. Je nach Ergebnis dieser Reflexion können sie selbst i. R.

© Springer Fachmedien Wiesbaden 2015   23
M. Stangel-Meseke et al., *Diversity Management und Individualisierung,* essentials,
DOI 10.1007/978-3-658-07485-2_3

ihrer Arbeitstätigkeit dazu beitragen, dass ihre Belange und ebenso die anderer Mitarbeitender im Unternehmenskontext berücksichtigt werden können. Darüber hinaus wird durch die Reflexion und aktive Mitwirkung der Mitarbeitenden auch die Qualität der Arbeit gehoben. So können Individualität und Reflexion in enger Wechselbeziehung wirken. Das daraus resultierende Ergebnis zeigt sich in zweierlei Hinsicht: Auf Seiten der Mitarbeitenden in diversen und durch Reflexion bewirkten individuell gestalteten Unternehmensumfeldern und auf Seiten des Unternehmens durch Umsetzung der unternehmensrelevanten Diversity-Kriterien.

Was Sie aus diesem Essential mitnehmen können

- Vermittelt aktuelle Forschungsergebnisse und somit ein wissenschaftlich fundiertes Wissen im Themengebiet Diversity und Individualisierung
- Zeigt, wie mittels DiM aus unternehmerischen Herausforderungen des Megatrends Individualisierung erfolgswirksame Vorteile für das Unternehmen entstehen können
- Stellt praxisnahe Implikationsvorschläge von DiM auf den Diversity-Ebenen Kultur, Geschlecht und Alter dar

© Springer Fachmedien Wiesbaden 2015
M. Stangel-Meseke et al., *Diversity Management und Individualisierung*, essentials,
DOI 10.1007/978-3-658-07485-2

Literatur

Aretz, H. J., & Hansen, K. (2003). Erfolgreiches Management von Diversity. Die multikulturelle Organisation als Strategie zur Verbesserung einer nachhaltigen Wettbewerbsfähigkeit. *Erschienen in Zeitschrift für Personalforschung, 17*(1), 9–36.

Argyris, C., & Schön, D. (1978). *Organisational learning. A theory of action perspective.* Reading: Addison-Wesley.

Beck, U. (1996). *Die Erfindung des Politischen.* Frankfurt a. M.: Suhrkamp.

Bertelsmann Stiftung & Bundesvereinigung der Deutschen Arbeitgeberverbände. (Hrsg.). (2005). *Erfolgreich mit älteren Arbeitnehmern – Strategien und Beispiele für die betriebliche Praxis* (3. Aufl.). Gütersloh: Bertelsmann Stiftung.

Bigoness, W., & Blakely, G. L. (1996). A cross-national study of managerial values. *Journal of International Business Studies, 27,* 739–752.

BMFSFJ. (2008). *Studie Erfahrung rechnet sich. Aus Kompetenzen Älterer Erfolgsfaktoren schaffen.* Berlin: BMFSFJ.

BMFSFJ. (2010a). *Familienreport 2010. Leistungen Wirkungen Trends.* Berlin: BMFSFJ.

BMFSFJ. (2010b). *Sechster Bericht zur Lage der älteren Generation in der Bundesrepublik Deutschland. Altersbilder in unserer Gesellschaft.* Berlin: BMFSFJ. (Drucksache 17/3815).

BMFSFJ. (2011a). *Neue Wege – Gleiche Chancen. Gleichstellung von Frauen und Männern im Lebensverlauf. Erster Gleichstellungsbericht.* Berlin: BMFSFJ.

BMFSFJ. (2011b). *Ältere Menschen in Deutschland und in der EU.* Wiesbaden: Statistisches Bundesamt.

BMFSFJ. (2014). Gleichstellungspolitik – Politik für Frauen und Männer. http://www.bmfsfj.de/BMFSFJ/Gleichstellung/politik-fuer-frauen-und-maenner.html. Zugegriffen: 5. Mai 2014.

Boos, M., & Jonas, K. J. (2002). Netzbasierte Kommunikation in Gruppen und Organisationen. In P. Vorderer, R. Mangold, & G. Bente (Hrsg.), *Lehrbuch der Medienpsychologie.* Göttingen: Hogrefe.

Brodbeck, F. C. (2008). Die Suche nach universellen Führungsstandards: Herausforderungen im globalen Dorf. *Wirtschaftspsychologie aktuell, 1,* 19–22.

Brodbeck, F. C., Frese, M., & Javidan, M. (2002). Leadership made in Germany: Low on compassion, high on performance. *Academy of Management Executive, 16*(1), 16–23.

© Springer Fachmedien Wiesbaden 2015
M. Stangel-Meseke et al., *Diversity Management und Individualisierung,* essentials,
DOI 10.1007/978-3-658-07485-2

Bruch, H., & Kunze, F. (2007). Management einer Aging Workforce. Ansätze zu Kultur und Führung. *Zeitschrift für Organisation (zfo), 76*(2), 72–77.

Bylow, C., & Vaillant, K. (2014). *Die verratene Generation*. München: Pattloch Verlag GmbH & Co.

Cockwell, A. (2013). *Entwicklung interkultureller Kompetenz: Von Fach- und Führungskräften durch Training und Coaching*. Norderstedt: BoD – Books on Demand.

Credit Swiss Research Institute. (2012). Gender diversity and corporate performance. http://infocus.credit-suisse.com/data/_product_documents/_shop/360145/csri_gender_diversity_and_corporate_performance.pdf. Zugegriffen: 17. Nov. 2012.

Dehnbostel, P. (2004). Konzepte zur Verbindung von informellem und formellem Lernen unter besonderer Berücksichtigung betrieblicher Wissens- und Kompetenzerzeugung. In P. Dehnbostel & P. Gonon (Hrsg.), *Interkulturell erworbene Kompetenzen in der Arbeit* (S. 7–23). Bielefeld: Bertelsmann.

Dorfman, P., Hanges, P. J., & Brodbeck, F. C. (2004). Leadership and cultural variation: The identification of culturally endorsed leadership profiles. In R. J. House, P. J. Hanges, M. Javidan, P. Dorfman, & V. Gupta (Hrsg.), *Culture, leadership and organization: The globe study of 62 societies* (S. 669–719). Thousand Oaks: Sage.

Ernst & Young. (2012). Mixed Leadership. Gemischte Führungsteams und ihr Einfluss auf die Unternehmensperformance. http://www.ey.com/Publication/vwLUAssets/Mixed_Leadership/$FILE/Mixed%20Leadership%202012.pdf. Zugegriffen: 18. Nov. 2012.

Europäische, Kommission Generaldirektion Beschäftigung und Soziales Referat D/3. (Hrsg.). (2003). *Kosten und Nutzen personeller Vielfalt in Unternehmen. Untersuchung zu den Methoden und Indikatoren für die Messung der Wirtschaftlichkeit von Maßnahmen im Zusammenhang mit der personellen Vielfalt in Unternehmen*. Kent: Centre for Strategy and Evaluation Services.

Fisher, K., & Fisher, M. (2011). *A manager's guide to virtual teams*. New York: McGraw-Hill Education.

Forschungszentrum Familienbewusste Personalpolitik. (2008). *Betriebswirtschaftliche Ziele und Effekte einer familienbewussten Personalpolitik* (Arbeitspapier 5). Berlin: Westfälische Wilhelms-Universität Münster & Steinbeis-Hochschule Berlin.

Fuhrmann, H., & Boeck, L. (2001). Veränderung in der Gesamtorganisation von Unternehmen nach Einführung von PPM. In U. Kleinbeck, K.-H- Schmidt, & W. Werner (Hrsg.), *Produktivitätsverbesserung durch zielorientierte Gruppenarbeit* (S. 133–155). Göttingen: Hogrefe.

Göbel, E. (2011). Diversity Management als ethisches Konzept. In G. Vedder, E. Göbel, & F. Krause (Hrsg.), *Fallstudien zum Diversity Management* (S. 19–45). München: Rainer Hampp Verlag.

Herbrand, F. (2002). *Fit für fremde Kulturen: Interkulturelles Training in Deutschland*. Wien: Verlag Paul Haupt.

Horx, M. (2012). Die Macht des Megatrends – Wie die großen Wandlungskräfte unsere Welt verändern. http://www.horx.com/Reden/Macht-der-Megatrends.aspx. Zugegriffen: 20. Aug. 2012.

House, R. J., Hanges, P. J., Javidan, M., Dorfman, P. W., & Gupta, V. (Hrsg.). (2004). *Culture, leadership and organization: The globe study of 62 societies*. Thousand Oaks: Sage.

Institut für Trend- und Zukunftsforschung. (2014). Die neue macht der 50plus Frauen. http://www.50plus.de/article/die-neue-macht-der-50plus-frauen.html. Zugegriffen: 26. Mai 2014.

Ivanova, F., & Hauke, C. (2006). Diversity Management – Lösung zur Steigerung der Wettbewerbsfähigkeit. In M. Becker & A. Seidel (Hrsg.), *Diversity Management. Unternehmens- und Personalpolitik der Vielfalt* (S. 350–361). Stuttgart: Schäffer-Poeschel.

Kienbaum. (2010). Was motiviert die Generation Y im Arbeitsleben?. http://www.personalwirtschaft.de/media/Personalwirtschaft_neu_161209/Startseite/Downloads-zum-Heft/0910/Kienbaum_GenerationY_2009_2010.pdf. Zugegriffen: 30. Jan. 2014.

Klauer, K. (2008). Soziale Kategorisierung und Stereotypisierung. In Petersen & Six (Hrsg.), *Stereotype, Vorurteile und soziale Diskriminierung: Theorien, Befunde und Interventionen*. Weinheim: Beltz.

Kleinbeck, U., & Fuhrmann, H. (2001). Das Partizipative Produktivitätsmanagement. In R. Fisch, D. Beck, & B. Englich (Hrsg.), *Projektgruppen in Organisationen* (S. 61–74). Göttingen: Verlag für Angewandte Psychologie.

Konradt, U., & Hertel, G. (2002). *Management virtueller Teams*. Weinheim: Beltz.

Köppel, P. (2007). *Konflikte und Synergien in multikulturellen Teams. Virtuelle und Face-to-face-Kooperation*. Heidelberg: Springer.

Köppel, P. (2012). Diversity Management in Deutschland 2012: Ein Benchmark unter den DAX 30-Unternehmen. Schwerpunkt: Unternehmenskultur. http://www.synergie-durch-vielfalt.de/fileadmin/diverse_PDF/Benchmark_DM_2012.pdf. Zugegriffen: 20. Jan. 2014.

Köppel, P. (2013). Diversity Management in Deutschland 2013: Ein Benchmark unter den DAX 30-Unternehmen Schwerpunkt: Führungskräfte. http://www.synergie-durch-vielfalt.de/fileadmin/diverse_PDF/Benchmark_DM_2013.pdf. Zugegriffen: 20. Jan. 2014.

Köppel, P., Yan, J., & Lüdicke, J. (2007). *Cultural Diversity Management in Deutschland hinkt hinterher*. Gütersloh: Bertelsmann Stiftung.

Körber-Stiftung. (2014). Alter neu erfinden. http://www.koerber-stiftung.de/gesellschaft/schwerpunkt-alter-neu-erfinden.html. Zugegriffen: 26. Mai 2014.

Kunze, C. (2011). Individualisierung. http://www.trendundzukunft.com/wp-content/uploads/2011/06/1-Individualisierung.pdf. Zugegriffen: 30. Nov. 2014.

LAB & Company. (2013). Frauen ante Portas. Warum so wenigen der Aufstieg gelingt: Ergebnispräsentation. http://www.labcompany.net/download/131/29_Ergebnisse.pdf. Zugegriffen: 2. Mai 2014.

McKinsey & Company. (2011). *Vielfalt siegt! Warum diverse Unternehmen mehr leisten*. Düsseldorf: McKinsey & Company, Inc.

MFKJKS (Ministerium für Familie, Kinder, Jugend, Kultur und Sport) Nordrhein-Westfalen. (2013). vaeter.nrw-Umfragen zu Vätern in Elternzeit. http://www.vaeter.nrw.de/Beruf/Elternzeit/ihre-meinung-vaeter-nrw-umfrage-zu-vaetern-in-elternzeit/index.php. Zugegriffen: 24. Sept. 2013.

Michaels, E., Handfield-Jones, H., & Axelrod, B. (2001). *The war for talent*. Boston: Harvard Business School Press.

Müller, C., & Sander, G. (2011). *Innovativ führen mit Diversity Kompetenz* (2. Aufl.). Bern: Haupt.

PWC. (2011). Millennilas at work. Reshaping the workplace. http://www.pwc.de/de_DE/de/prozessoptimierung/assets/millennials-at-work-2011.pdf. Zugegriffen: 23. Aug. 2012.

van Quaquebeke, N., & Schmerling, A. (2010). Kognitive Gleichstellung. Wie die bloße Abbildung bekannter weiblicher und männlicher Führungskräfte unser implizites Denken zu Führung beeinflusst. *Zeitschrift für Arbeits- u. Organisationspsychologie, 3,* 91–104.

van Rennenkampff, A. (2005). Aktivierung und Auswirkungen geschlechtsstereotyper Wahrnehmung von Führungskompetenz im Bewerbungskontext. Unveröffentlichte Dissertation, Universität Mannheim.

Robert, H. (Hrsg.). (2010). Viele Generationen – ein Team. Wie man Mitarbeiter unterschiedlicher Altersgruppen bindet. http://www.roberthalf.de/EMEA/Germany/Assets/eDMs/Robert_Half_Viele_Generationen_ein_Team.pdf. Zugegriffen: 30. Mai 2014.

Roland Berger Strategy Consultants. (2012). *Diversity & Inclusion. Eine betriebswirtschaftliche Investition.* Hamburg: Roland Berger Strategy Consultants.

Sievert, S., Berger, U., Kröhnert, S., & Klingholz, R. (2013). *Produktiv im Alter. Was Politik und Unternehmen von anderen europäischen Ländern lernen können.* Berlin: Berlin-Institut für Bevölkerung und Entwicklung.

Sprenger, R. K. (2005). *Traue keinem unter 35! Referat im Rahmen des schweizerischen Personalfachkongresses in Basel „Personal: (K)eine Frage des Alters?! – Der demographische Wandel als Herausforderung für das HRM".* Otten: Fachhochschule Solothurn.

Stangel-Meseke, M. (2009). Weibliches Führungspotenzial zwischen Stereotypie und Realität. *labor & more, 1,* 58–59.

Stangel-Meseke, M. (2014). Unconscious Bias – ein erfolgskritischer Faktor. In C. der Vielfalt. (Hrsg.), *Vielfalt erkennen – Strategien für den sensiblen Umgang mit unbewussten Vorurteilen* (S. 13–20). Berlin: Charta der Vielfalt e. V.

Stangel-Meseke, M., Hahn, P., & Steuer, L. (2014). Balance durch Diversity Management. Lösungsansätze für unternehmerische Herausforderungen aus Megatrends. In R. Lanwehr, M. Müller-Lindenberg, & D. Mai (Hrsg.), *Balance Management. Vom erfolgreichen Umgang mit gegensätzlichen Zielen* (S. 145–166). Wiesbaden: Springer Gabler.

Statistische Ämter des Bundes und der Länder. (2011). *Demografischer Wandel in Deutschland. Bevölkerungs- und Haushaltsentwicklung im Bund und in den Ländern* (Heft 1). Wiesbaden: Statistisches Bundesamt.

Statistisches Bundesamt. (2012). *Geburtentrends und Familiensituation in Deutschland.* Wiesbaden: Statistisches Bundesamt.

Tuckman, B. W. (1965). Developmental sequence in small groups. *Psychological Bulletin, 63*(6), 384–399.

Ungleich Besser Diversity Consulting. (2012). *International Business Case Report (IBCR).* Köln: Michael Stuber.

Vedder, G. (2008). Diversity: Trainings evaluieren. *Personal, 60*(09), 16–18.

Vedder, G. (2011). Die Grundlagen von Diversity Management. In G. Vedder, E. Göbel, & F. Krause (Hrsg.), *Fallstudien zum Diversity Management* (S. 1–17). München: Rainer Hampp.

Vogt, D., & Stangel-Meseke, M. (i. Dr.). Fit for Future: Der BP-Diversity-Ansatz als nachhaltiger Erfolgsfaktor. In K. Hansen (Hrsg.), *Erfolgreiche Vielfalt in Unternehmen.* Berlin: Springer.

Zofi, Y. (2011). *A manager's guide to virtual teams.* New York: McGraw-Hill Education.

Zukunftsinstitut. (2010). Megatrends. http://www.zukunftsinstitut.de/verlag/studien_detail.php?nr=106. Zugegriffen: 30. Mai 2014.